Le chien

Joyeux copain

Texte de Valérie TRACQUI
Photos de
Marie-Luce HUBERT et Jean-Louis KLEIN
de l'agence BIOS

Mini Patte

MILAN

Collection dirigée par Valérie Tracqui

L'enfant part à l'école et le chien comprend qu'il n'a pas le droit de le suivre.

Les chiens peuvent vivre en appartement, mais la plupart préfèrent les maisons avec un jardin.

À bientôt

« Non, je ne peux pas t'emmener, Nanouk. Sois sage ! Je vais revenir bientôt. »
En voyant les habits et les gestes de son ami, le chien sait qu'il doit patienter jusqu'à son retour.
Heureusement, il y a d'autres personnes dans la maison, qui vont pouvoir lui parler et le caresser. Car ce que le chien déteste le plus, c'est rester longtemps tout seul...

L'empreinte du chien est facile à reconnaître avec la marque des 4 pelotes munies de griffes. Le 5e doigt est trop haut pour marquer le sol.

Parfois, le chien creuse un trou si grand que sa tête entière disparaît. Les taupes et les campagnols ne reviennent pas !

Au moindre bruit, le chien dresse les oreilles, car son ouïe est très fine. Pour savoir d'où vient le son, il incline la tête.

Le nez du chien est une merveille. Il sent les odeurs un million de fois mieux que nous.

Sentir et écouter

Ce chien, qui ressemble à un labrador à poil long, est un golden retriever. Il part fouiner dans le jardin, le nez au sol. Là ! Ça sent la taupe. Le golden s'immobilise, la patte en l'air. Puis, il bondit et creuse rapidement le sol avec ses pattes avant. Soudain, il s'arrête net, la truffe pleine de terre. Son maître l'appelle. Vite ! Il faut se dépêcher.

En balade

« On va à l'étang. Viens, vite ! » Tout content, le chien balance sa queue en panache. Selon les ordres, il court ou revient au pied.

En associant le geste à la parole, le maître se fait clairement comprendre du chien.

Sans hésiter, le golden retriever saute dans l'étang car il adore l'eau. De plus, avec ses longs poils imperméables, il ne craint pas le froid.

Ce chien est un fameux nageur. Il peut même plonger jusqu'à 2 m sous l'eau.

Son nom signifie : rapporteur de gibier d'eau. Normal ! C'est sa spécialité.

Au bord de l'étang, l'homme jette un ballon dans l'eau. Le golden ne quitte pas l'objet des yeux. « Va chercher ! » Le chien saute et saisit la balle entre ses dents, pour la rapporter. « Bravo, Nanouk ! » Le chien est heureux, il aime tant faire plaisir.

Le chien s'enfonce parfois des épines entre les doigts. Il laisse sa maîtresse les retirer.

Les croquettes lui apportent viande, légumes et vitamines.

Le chien aime être tranquille pour dormir. Il se blottit dans son panier avec son copain le chat. Pas de problème ! Ils se sont connus tout jeunes.

Le brossage du poil est nécessaire à la santé du chien. C'est comme une caresse qui lui fait du bien.

Retour de balade

Le chien revient tout mouillé de la balade. Alors, avant de rentrer, il se secoue. Le voilà presque sec !
Sa maîtresse le brosse pour enlever la boue. Mmm... C'est agréable ! Le chien s'étire et savoure les caresses. Pour remercier sa maîtresse, il lui lèche la main. Puis il avale son repas en un clin d'œil, et s'endort pour un repos bien mérité.

En ville

« Alors, où étais-tu ? »
Le maître prend sa grosse voix et secoue le chien par la peau du cou. « Allez, hop, dans la voiture ! »
En ville, pour le chien, c'est clair : il faut être tenu en laisse, ne pas tirer et rester au pied. Sur chaque poteau, le chien marque sa présence en urinant. Il y a vraiment des odeurs nouvelles ici, et de nombreux dangers. Il faut faire attention...

Le chien est grondé par son maître, comme le faisait sa maman lorsqu'il était chiot.

Le mâle lève la patte pour faire pipi, alors que la femelle s'accroupit.

« Attends, pas bouger ! » Le chien sait que son maître va revenir…

Il apprend à rester sage à l'arrière de la voiture. Quand il fait chaud, il halète en ouvrant la gueule et transpire par les coussinets de ses pattes.

Le mâle, à gauche, est plus grand et plus massif que la femelle, et ses poils sont plus longs. Pour s'accoupler, il lui monte sur le dos.

Rencontre

Aujourd'hui, le chien est tout excité. Il sent l'odeur d'une femelle en chaleur, qui attire tous les mâles du quartier. Deux fois par an, la chienne est prête à faire des bébés. Le mâle la rejoint et la suit partout. Enfin, elle accepte de s'accoupler. Pendant 2 mois, les bébés se développent dans son ventre, qui grossit, grossit. Puis ses mamelles se gonflent de lait. Le grand jour approche...

Au début, les chiots dorment beaucoup et il faut les laisser tranquilles.
Ils ne se réveillent que pour téter.

Ils tètent jusqu'à l'âge de 6 ou 7 semaines.
Mmm... que c'est bon !

Curieux de tout, le chiot découvre le monde.

Quand ils sont séparés de leur mère, à l'âge de 2 mois, les chiots se consolent avec un « doudou ».

Qu'ils sont mignons !

Un par un, les chiots naissent la tête la première. Aussitôt, la mère les lèche pour les aider à respirer et elle coupe le cordon ombilical avec ses dents. Au début, ils sont aveugles et sourds, mais ils rampent déjà vers une mamelle pour téter. À 15 jours, les chiots commencent à entendre. Ils font leurs premiers pas à 3 semaines. Puis leurs dents de lait poussent.

Toujours jouer

C'est en jouant que le chiot apprend. Pendant 2 mois, il mémorise tout ce qu'il découvre : les bruits bizarres, les bébés qui crient, les personnes âgées avec une canne, les autres animaux...
Il apprend à ne pas avoir peur des choses inconnues. Il comprend qu'il ne doit pas mordre et qu'il doit attendre son tour pour manger.

Adopté par une nouvelle famille, le chiot cherche sa place, mais il ne doit pas devenir le chef.

Sans cesse, le chiot joue, tire, saute, mord, pour mesurer sa force.

Le but du jeu est de plaquer l'autre au sol, en le mordant au cou.

Celui qui se maintient au-dessus est dominant, l'autre est soumis.

La jeune chienne obéit par plaisir, car elle aime être récompensée. Petit à petit, elle deviendra aussi bien élevée que son père...

Presque grand

Il faut donner des jouets au chiot car, sinon, il choisira lui-même un chausson à mordiller.

Ses dents de lait tombent entre 3 mois et demi et 6 mois. Mais elles sont vite remplacées.

Au début, le jeune golden fait des bêtises. Mais si on le félicite à chaque réussite, il apprend vite ce que l'on attend de lui. À 3 ou 4 mois, il est propre et revient quand on l'appelle. Il répond aux ordres simples : « Assis ! », « Couché », « Attends ! ». Câlin et joueur, il alterne les moments de repos et de jeux. Ce qu'il préfère, c'est rapporter et jouer à cache-cache !

Ami fidèle

Au fil des années, le chien et le maître deviennent complices. D'un geste ou d'un mot, le golden comprend ce qu'il doit faire. L'homme devine, lui aussi, si son chien est content, triste, inquiet ou malade, en fonction de son regard et de la position de sa queue et de ses oreilles. Bien éduqué, le chien est apprécié par tous. Il peut devenir le copain de jeux à qui l'on confie ses joies et ses peines.

En parlant au chien et en le respectant, on se fait un vrai copain, car le chien sera toujours fidèle au maître en qui il a confiance.

Nos amis les chiens

Il y a 14 000 ans, l'homme vivait déjà avec des chiens, proches du loup. Aujourd'hui encore, il utilise certains chiens pour leur force, leur intelligence et leur flair ultrasensible. Les races les plus douées sont sélectionnées selon le travail demandé.

Le golden est éduqué pour aider l'enfant handicapé.

Les chiens d'assistance

Le chien est le meilleur remède contre l'ennui, la tristesse et la solitude. Il rend aussi de grands services aux personnes aveugles ou handicapées. Les labradors et les golden retrievers sont réputés pour leur gentillesse, leur douceur et leur envie de rendre service. Capables d'apprendre plus de 30 ordres différents, ce sont des compagnons irremplaçables.

Dans l'attelage, chaque chien de traîneau a sa place.

Les chiens sportifs

Les chiens de traîneaux peuvent tirer de lourdes charges. Ceux de berger apprennent à conduire les troupeaux, au geste et à la voix. Les chiens truffiers sont capables de déterrer les truffes, des champignons de grande valeur, à 30 cm sous terre. Et tous les chiens aiment faire du sport avec leur maître, par exemple de l'*agility dog*. Ce jeu se pratique à deux. À l'aide des encouragements de son maître, le chien saute des haies, rampe sous des tunnels, passe sur des poutres...

Les chiens sauveteurs

Grâce à leur flair exceptionnel, les bergers allemands sont utilisés pour retrouver les personnes perdues ou blessées dans un éboulement ou une avalanche. Ils peuvent aussi être éduqués à rechercher de la drogue cachée ou des explosifs. Au service de leur maître, ils sauvent des vies en surmontant leur peur. Bravo les chiens !

Le chien est descendu dans une grotte pour retrouver un blessé.

RACES DE CHIENS

Il existe des chiens de toutes tailles, de tous poils et de toutes les couleurs. Ce sont des races et non pas des espèces, car ils peuvent se croiser entre eux. Chacune a son caractère, ses qualités et ses défauts. On distingue les chiens de berger, les chiens de chasse, les chiens de garde et ceux de compagnie.

Le berger des Pyrénées

Le **berger des Pyrénées** ne craint ni l'effort ni la pluie. Il a vraiment le pied montagnard. Il surveille et rassemble les moutons, en suivant de loin les ordres de son maître.

L'épagneul breton

L'**épagneul breton** est le compagnon favori des chasseurs. Dès qu'il sent un lièvre ou une perdrix, il se fige à l'arrêt, la patte levée. Son flair est exceptionnel. C'est aussi un ami fidèle et courageux.

Le **yorkshire-terrier** est parfois déguisé comme une poupée, mais c'est en réalité un ancien chasseur de rats, qui aime courir dans le jardin. Malgré son allure coquette, ce n'est pas un jouet !

Le yorkshire-terrier

Le dogue allemand

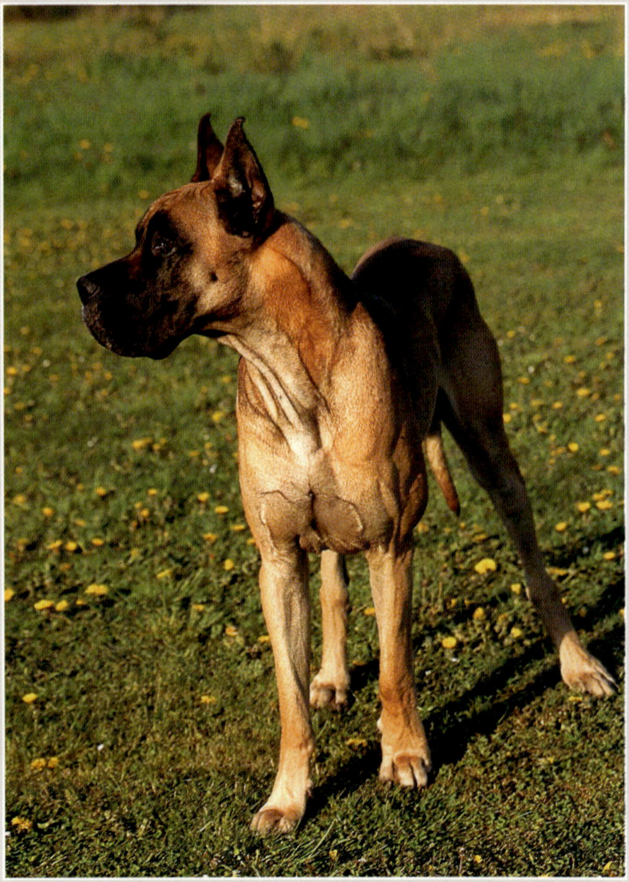

Le **dogue allemand** est grand et fort. Bien éduqué, c'est un excellent chien de garde et de défense. Mais si on lui apprend à mordre, attention, il devient dangereux !

Le bichon frisé

Le **bichon frisé** aime se faire câliner sur les genoux des mamies, mais il sait aussi faire le fou dans l'herbe et sauter très haut, comme le caniche.

Quelques questions sur la vie du chien, dont tu trouveras les réponses dans ton livre.

Crédit photographique :

Agence BIOS :
Toutes les photos sont de J.-L. KLEIN et M.-L. HUBERT/BIOS sauf :
E. et D. BOYARD : p. 6-7 ; J.-M. CRESTO : p. 8 (hd) ; W. MEINDERTS/FOTONATURA : p. 12-13 ; M. BRUNO : p. 18 (bg) ; J.-L. et F. ZIEGLER : p. 26-27(h), p. 27 (b).

F. REINHART/ANECAH : p. 26 (b).
E. BACCEGA/COLIBRI : p. 29 (hd).
Avec tous nos remerciements et nos encouragements à l'ANECAH (Association nationale d'éducation de chiens d'assistance pour handicapés), qui éduque des chiens, golden retrievers et labradors, pour les offrir à des personnes handicapées.
ANECAH : 137 bis, rue Nationale – 75013 PARIS – Tél. : 01 45 86 58 88.

Loi 49.956 du 16.07.1949
Dépôt légal : 1er trimestre 2001
ISBN : 2.7459.0222.9
Imprimé en Belgique par Casterman, S.A., Tournai.